DE

L'ÎLE BOURBON,

DEPUIS LES PREMIÈRES NOUVELLES DE LA RÉVOLUTION DE JUILLET

(27 OCTOBRE 1830).

MÉMOIRE A CONSULTER pour M. DUCHAILLU, négociant à Saint-Denis (île Bourbon), l'une des victimes de la faction contre-révolutionnaire.

CONSULTATION par M⁰. CORDIER, Avocat à la Cour royale de Paris.

PARIS,

Chez DELAUNAY, Libraire, au Palais-Royal; et chez les autres marchands de nouveautés.

Février 1832.

DE

L'ÎLE BOURBON,

DEPUIS LES PREMIÈRES NOUVELLES DE LA
RÉVOLUTION DE JUILLET

(27 OCTOBRE 1830).

~~~~~~

MÉMOIRE A CONSULTER POUR M. DUCHAILLU.

</div>

DEPUIS la restauration de 1814, et surtout depuis le ministère déplorable, une faction, ayant à sa tête la famille Desbassyns, alliée à M. de Villèle, fait peser sa funeste influence et un orgueilleux despotisme sur l'île Bourbon. La révolution de Juillet aurait dû amener un changement d'hommes et de système dans cette colonie; mais là faction, quoique ne dissimulant point sa haine pour l'ordre actuel des choses, n'en est pas moins restée au pouvoir jusqu'à présent, et tous ses actes n'ont été qu'une série d'hostilités contre les principes et les hommes de la révolution nouvelle.

Le but que se propose M. Duchaillu, en publiant cet écrit, est non-seulement de réclamer justice contre l'oppression particulière dont il est victime de la part de cette faction, mais encore de donner un témoignage de son patriotisme, en éclairant le Gouvernement sur les
~~~~~~

symptômes graves que présente la situation actuelle de l'île Bourbon, et sur l'urgente nécessité de faire jouir enfin les habitans de cette île du régime légal promis par l'article 64 de la nouvelle Charte. Il est donc nécessaire d'entrer dans le détail de tous les faits, et d'écrire en quelque sorte l'histoire de l'île Bourbon depuis la révolution de Juillet.

PEU DE JOURS après les immortelles journées, le navire *la Cérès* partit du Havre sous pavillon tricolore ; et, arrivé dans les mers de l'Inde, il relâcha d'abord à l'île Maurice. La vue des nobles couleurs, qui reparaissaient pour la première fois depuis quinze ans dans ces parages, excita une vive sympathie parmi les habitans de cette possession anglaise ; ils la signalèrent en faisant présent à *la Cérès* d'un superbe drapeau tricolore brodé en or. Un autre navire, *la Jeune-Mathilde*, venant de l'Inde, toucha aussi à l'île Maurice, communiqua avec *la Cérès*, et arriva le 27 octobre à l'île Bourbon, apportant à M. Constant Rousse, consignataire de ce bâtiment, une lettre de son correspondant de l'île Maurice qui lui apprenait la nouvelle de la révolution de Juillet. La notoriété publique est que M. Rousse se hâta d'aller trouver le gouverneur pour lui en donner connaissance.

Mais le gouverneur tint cette nouvelle secrète, et plus tard on a su que la goëlette de l'état *le Colibri* avait été immédiatement envoyée en croisière pour arrêter tous les bâtimens portant pavillon aux trois couleurs, et notamment *la Cérès*, et les empêcher de communiquer avec Saint-Denis. Effectivement, *la Cérès* ne vint pas à

Bourbon et se rendit dans l'Inde ; mais elle laissa à un autre navire, *l'Égide*, les lettres et paquets et les journaux de Paris jusqu'au 3 août, qu'elle avait apportés, de France pour Bourbon. Malgré toutes les précautions prises, *l'Égide* arriva à Saint-Denis le 29 octobre. L'autorité, voyant son espoir trompé, crut qu'en retenant pendant quelque temps les lettres et les journaux elle empêcherait la nouvelle de se répandre : elle ne les fit distribuer que le 1er. novembre, trois jours après leur arrivée. Mais vains obstacles ! il aurait fallu en outre fouiller et bâillonner tous les passagers. L'un d'eux, M. Rocher, propriétaire à l'île Bourbon, avait sur lui une gazette extraordinaire de Maurice, contenant la réimpression du *Journal du Havre*, qui faisait le récit des glorieux événemens ; M. Rocher la remit, en débarquant, le 29 au soir, à M. Duchaillu, qui, dans l'émotion et le transport que lui causaient ces heureuses nouvelles, fit à haute voix lecture de cette gazette, en présence de plus de quinze cents personnes réunies sur le Barachois, lieu où se tenait la Bourse. Il est difficile de se faire une idée de l'enthousiasme qui se manifésta dans tout le public : ce n'était pas de la joie, c'était un véritable délire.

Néanmoins, l'autorité garda encore le silence. Il eût été de son devoir de faire paraître immédiatement une proclamation ; non-seulement elle n'en fit rien, mais encore le numéro du lendemain 3o octobre de la *Gazette de l'île Bourbon* (journal du gouvernement) fut entièrement muet sur les événemens qui occupaient tous les esprits.

Cette conduite indisposa les patriotes : on vit que l'on n'avait à attendre de la part des principaux fonctionnaires que de la répugnance pour l'ordre de choses nouveau, et qu'il était nécessaire que les citoyens manifestassent énergiquement leur volonté, pour que la révolution de Juillet fût reconnue dans l'île. En conséquence, le 30 octobre, dès le point du jour, un certain nombre de jeunes gens, dont la plupart faisaient partie de la compagnie de grenadiers de la milice de Saint-Denis, se réunirent, arborèrent un drapeau tricolore au mât du pavillon de la place, et s'en constituèrent les gardiens, résolus de le défendre contre toute attaque. Il y avait sur la place un corps-de-garde occupé par la troupe de ligne ; l'autorité envoya d'abord contre les jeunes gens un piquet tiré de ce corps-de-garde ; puis, ce détachement étant trop faible, elle donna à la compagnie de carabiniers du 16e. léger, commandée par M. Bosquet, l'ordre d'employer la force pour faire *amener* le drapeau tricolore ; mais M. Bosquet, vieux soldat, avait jadis combattu sous ce drapeau : il répondit que l'on ne devait point compter sur ses troupes ; qu'elles ne se résoudraient point à tirer sur des Français.

L'autorité se trouva alors dans une position très-équivoque. Conservera-t-elle le drapeau blanc, son drapeau de prédilection ? Cèdera-t-elle, au contraire, à l'entraînement des jeunes patriotes ? Elle flotte incertaine entre ces deux partis : les notables sont convoqués ; on ne s'entend point : les carlistes s'agitent ; quelques-uns veulent encore tenter d'avoir recours aux armes, d'autres sont d'avis qu'on négocie avec les jeunes gens. En effet, plusieurs députations sont envoyées successivement sur la place ; les jeunes gens répondent qu'ils consentiront à amener le pavillon tricolore, mais à la condition que l'autorité en fera hisser immédiatement un autre. On leur répond qu'on ne veut s'engager à rien ; les jeunes gens déclarent qu'ils attendront jusqu'à dix heures, et que passé ce temps, si l'autorité ne s'est pas décidée à arborer officiellement le pavillon tricolore, ils salueront celui qu'ils ont élevé. Dix heures se passent ; point de réponse. Alors les jeunes gens, qui s'étaient procuré deux pierriers, saluent le drapeau national de vingt et un coups. L'enthousiasme public s'accroît encore : des cris *à bas les carlistes ! à bas les jésuites ! à bas le gouvernement de Charles X !* se font entendre de toutes parts.

Cependant les fluctuations de l'autorité continuaient. A la fin, d'honorables citoyens parvinrent à faire comprendre au Conseil qu'une plus longue résistance serait inutile de sa part ; que le seul moyen de salut était de reconnaître le gouvernement de Louis-Philippe. L'autorité céda enfin, mais à contre-cœur. Les milices et les troupes de Saint-Denis furent convoquées pour se trouver à deux heures sur la place du gouvernement ; le gouverneur s'y rendit, suivi du directeur-général de l'intérieur et du commissaire-ordonnateur. Le drapeau tricolore fut inauguré et salué de vingt et un coups de canon : la rade répondit au salut ; mais, du reste, pendant que la milice défilait devant les autorités, celles-ci ne paraissaient prendre aucune part à l'allégresse qui animait tous ceux qui portaient un cœur français : elles ne firent entendre aucune acclamation patriotique ; on remarqua l'absence de tous les membres du Conseil privé ; aucune cérémonie n'eut lieu. En un mot, l'autorité semblait agir comme contrainte et forcée ; point d'abandon, point d'enthousiasme de sa part : elle était froide, impassible.

Le soir du même jour, quelques jeunes gens demandèrent au maire la permission de jouer une pièce de circonstance. Le maire, M. Tabur, excellent citoyen, ancien soldat de la grande armée et chef de bataillon d'artillerie à l'île Bourbon, prit sur lui d'accorder cette permission, quoiqu'il paraisse que le directeur-général de l'intérieur eût donné des ordres contraires. La compagnie de grenadiers de la milice se chargea de faire la police de la salle. Le spectacle eut lieu ; aucune autorité, à l'exception du maire, n'y assista. Des transports universels éclatèrent au moment où le drapeau de *Jemmapes* et d'*Austerlitz* parut sur la scène au milieu d'un peloton de grenadiers de la milice. Toute l'assemblée chanta spontanément avec un enthousiasme impossible à décrire *le Vieux drapeau* de Béranger et *les Enfans de la France*. Le spectacle se termina dans le plus grand ordre. Le produit de la recette fut versé dans la caisse du bureau de bienfaisance, et tous les assistans se retirèrent le cœur rempli de joie.

Comme il n'est permis à personne de s'attribuer un mérite qui ne lui appartient pas, M. Duchaillu doit dire, pour ce qui le concerne, que ses affaires l'ayant obligé d'aller à Saint-Benoît le 30 , il n'eut point le bonheur de participer, à Saint-Denis, aux événemens de cette journée, dont le souvenir vivra à jamais dans les fastes de la colonie. Seulement il fit à Saint-Benoît ce qu'il avait fait à Saint-Denis le 29 au soir; il y publia la grande nouvelle, et son foulard rouge, uni sur le champ à deux autres morceaux d'étoffe bleue et blanche, fut le premier drapeau tricolore improvisé qui apparut à Saint-Benoît aux acclamations de toute la ville.

Ainsi se termina cette première journée , dans laquelle les bons citoyens parvinrent , par l'énergie de leur patriotisme et au péril de leur vie, à triompher de la résistance des autorités et à assurer la victoire au drapeau tricolore dans l'île Bourbon.

Le 20 novembre, arriva la corvette *l'Héroïne*, expédiée par le nouveau gouvernement pour notifier à l'île Bourbon l'avénement au trône de S. M. Louis-Philippe, roi des Français. Un garde de police fut envoyé annoncer, *sans façon*, cette nouvelle dans les rues, au son du tambour de la ville. C'est avec la même solemnité que l'on annonce ordinairement les objets perdus ou trouvés, ou autres choses de cette importance. Mais il fallait signaler son dédain pour ce roi de nouvelle création, faire de l'opposition tout en ayant l'air de céder à la force des choses , et on ne se refusa pas cette satisfaction. La population fut indignée de la manière grotesque avec laquelle on publiait un si grand événement , et quelques citoyens prirent la résolution de faire eux-mêmes cette proclamation, le drapeau tricolore en tête; mais ils furent devancés par le zèle patriotique du maire de la ville, qui, choqué comme le public de la haute inconvenance commise par l'autorité supérieure, fit, le lendemain, cette publication à la tête d'un détachement de vingt hommes de ligne, et accompagné seulement d'un conseiller municipal. Aucune autre autorité n'assista à cette nouvelle cérémonie.

Le navire *Quos-Ego*, de Nantes, arriva sur ces entrefaites, apportant des nouvelles de Paris jusqu'à la fin d'août. Le trône de Louis-Philippe se consolidait en France; la faction qui dominait dans l'île sentant que par cela même le pouvoir allait lui échapper, crut que le meilleur moyen de le conserver était de donner une hypocrite accession au nouvel ordre de choses, et de faire de la joie officielle. Protestons, se dirent-ils, de notre amour et de notre dévouement pour Louis-Philippe; en France, on nous croira sur parole : une fois conservés dans nos places, nous continuerons à exploiter la colonie pour nous et nos amis; et si par hasard Charles X remontait sur son trône, nous n'aurions point cessé d'administrer pour lui.

En conséquence de ce plan, le jeudi 25 novembre, la milice et la troupe furent assemblées sur la place. Le gouverneur annonça devant le front des troupes les grands événemens arrivés en France et que tout le monde connaissait depuis un mois. Il proclama ensuite l'avénement de S. M. Louis-Philippe Ier., roi des Français. Une foule immense de citoyens couvrait la place, et pendant que le gouverneur, suivi de l'ordonnateur et du directeur-général de l'intérieur, parcourait les rangs de la milice, on entendit retentir de toutes parts les cris de *Vive la Charte ! Vive le roi citoyen ! Vive la France ! Vive la garde nationale ! A bas les jésuites ! A bas la censure !* Le public témoignait par ces derniers cris qu'il n'était pas dupe. Quelques personnes crièrent aussi *à bas L***., l'assassin de Caron !* On voulait désigner par là l'homme qui était secrétaire-général de la préfecture du Haut-Rhin, lors de la prétendue conspiration du colonel Caron. Il n'appartient pas à M. Duchaillu de blâmer ou d'approuver ce dernier cri, dans lequel chacun peut à son gré, d'après sa manière de voir, trouver ou une personnalité trop directe, ou une preuve que tôt ou tard il vient un temps où la conduite politique des hommes est connue et appréciée par le public ; mais il doit à la vérité de dire qu'il n'a point proféré ce cri. Pour tous les autres, il a partagé l'entraînement général, et il a exprimé comme tout le monde sa sympathie pour la Charte et le roi citoyen, son antipathie contre les jésuites.

La revue se termina au milieu de l'allégresse de tous les bons citoyens. Le reste de la journée se passa en fêtes ; la ville fut parfaitement tranquille. Le lendemain et le surlendemain, même calme. Le troisième jour, qui était un dimanche, les citoyens se livrèrent à de nouvelles réjouissances, sans que l'ordre public fût un seul instant troublé ; le lundi fut aussi extrêmement paisible.

Cependant ce jour-là M. de Lancastel, directeur-général de l'intérieur, qui conservait un souvenir amer des derniers cris de la revue du 25, donna chez lui une soirée où furent invitées les familles Desbassyns et de Villèle, les autres membres du Conseil privé et les autorités qui leur étaient dévouées. Un conciliabule eut lieu entre tous ces personnages ; on parla d'exercer des vengeances, et le plan en fut immédiatement arrêté, car, à la suite de la soirée, à quatre heures du matin, le commissaire de police, escorté de cinquante gendarmes, parcourut la ville, et alla arrêter douze jeunes gens pris parmi ceux qui avaient les premiers arboré les couleurs nationales. A ce titre, M. Duchaillu ne pouvait manquer de se trouver du nombre. Ils furent jetés dans les prisons, sous le poids de l'accusation d'avoir troublé l'ordre public et compromis la sûreté de la colonie. Mais ce n'était là qu'un prétexte, puisque le calme régnait dans la colonie ; leur véritable crime était d'avoir manifesté hautement leurs opinions libérales et d'avoir pris l'initiative en plantant le drapeau tricolore dans l'île et en forçant les autorités à le reconnaître. Dans la première chaleur de l'emportement qu'elles avaient puisé dans la réunion chez le directeur-général, les autorités voulaient user immédiatement du pouvoir dictatorial vis-à-vis des jeunes gens arrêtés (1).

(1) L'ordonnance du 21 août 1825, art. 72, autorise le gouverneur à prononcer, par mesure de haute police, en conseil privé, l'exclusion pure et simple d'un des cantons de la colonie, ou la mise en surveillance dans un canton déterminé, ou même l'exclusion de la colonie à temps ou illimitée.

Mais un peu de réflexion leur fit comprendre qu'il n'y avait réellement aucune charge de nature à motiver une mesure d'exception, et le Conseil privé n'osa prononcer. Les jeunes gens furent tous mis en liberté le surlendemain 1er. décembre, sur l'ordre du gouvernement, et moyennant un cautionnement de chacun 15,000 fr., que tous les bons citoyens de Saint-Denis s'empressèrent à l'envi d'offrir. Plus tard, six seulement d'entre eux furent renvoyés devant la Cour royale séant à Saint-Paul, pour y être jugés correctionnellement, sous la prévention d'outrages envers l'autorité, à raison du cri spécial dont le directeur-général de l'intérieur s'était trouvé offensé. M. Duchaillu et les cinq autres, qui s'étaient bornés aux cris généraux de *vive le roi des Français ! vive la Charte ! à bas les jésuites !* ne furent point compris dans ce renvoi ; les hommes du pouvoir sentirent bien que ce serait faire eux-mêmes leur propre satire que de considérer comme un outrage envers eux le cri d'*à bas les jésuites !*

Dans l'impuissance où l'autorité, accablée par l'opinion publique, se sentait de frapper extra-judiciairement des individus isolés, elle crut pouvoir se venger sur deux corps de la garde nationale et de la troupe de ligne, en employant vis-à-vis d'eux des mesures par lesquelles elle signala son esprit et ses anciens ressentimens, qui remontaient à la journée du 30 octobre.

La compagnie des grenadiers de la milice fut brutalement dissoute par un ordre du jour du gouverneur. On accusait cette milice urbaine d'avoir, comme tous les autres citoyens qui remplissaient la place, signalé son en-

thousiasme par des cris pendant la revue du 25. C'était
là le motif apparent de l'arrêté du gouverneur ; mais la
véritable cause était la haine que l'on portait à cette
compagnie, parce que c'était elle qui avait assuré le
triomphe du drapeau tricolore dans la matinée du 30
octobre, qui le soir du même jour avait fait, à la satisfaction générale, la police du spectacle, auquel aucune
des autorités du gouvernement supérieur n'avait daigné
assister, et qui, dans le cours du spectacle, avait escorté
le drapeau tricolore, apporté en triomphe sur la scène.

Peu de temps après, la compagnie de carabiniers du
16ᵉ. léger, dont le capitaine, M. Bosquet, avait refusé
de faire tirer sur le peuple le 30 octobre, fut renvoyée en
France. On n'avait d'autres griefs à lui reprocher que
celui-là ; et il est évident que son embarquement fut dû
à cette unique cause. (M. Bosquet est actuellement chef
de bataillon en France, dans le 10ᵉ. de ligne, à ce que
l'on croit, et il peut rendre témoignage de ce qui s'est
passé à cette époque dans la colonie.) Ces deux actes
s'expliquent donc l'un par l'autre : la dissolution de la
compagnie de grenadiers de la milice, le renvoi en
France de la compagnie de carabiniers du 16ᵉ., sont le
produit d'une seule et même pensée : punir l'héroïque
insubordination qui avait forcé la main aux autorités et
déterminé la soumission de l'île au gouvernement nouveau de la métropole.

Cependant l'instruction judiciaire ordonnée contre les
six jeunes gens renvoyés devant la police corectionnelle
traînait en longueur ; l'autorité ne se pressait point de la
mettre à fin. Elle eût bien désiré obtenir des magistrats

qu'ils sévissent contre les accusés ; mais d'un autre côté elle temporisait , ayant les yeux tournés vers la France , et attendant les événemens de la métropole pour régler d'après eux sa conduite. Dans l'intervalle, et pour préparer l'esprit des magistrats de la Cour royale, on faisait insérer dans les journaux de la colonie des lettres de doléances adressées à l'administrateur prétendu insulté. On disait, entre autres choses, dans ces lettres, que cet administrateur était trop au-dessus de l'insulte dont il avait été l'objet pour en avoir été profondément affecté ; que le trait était parti de trop bas pour l'atteindre ; que les auteurs de cette attaque avaient eu pour but d'ébranler le régime colonial ; grand mot presque toujours vide de sens, et au fond duquel se cache le despotisme !

Enfin , au bout de deux mois , les jeunes gens inculpés sont assignés à comparaître à l'audience de la Cour royale. Mais de bonnes nouvelles arrivent encore de France : il semblait qu'une fée bienfaisante veillât alors sur les jeunes patriotes, et accourût à leur secours dans le moment critique. Le gouvernement de la colonie ne crut pas devoir persister dans sa poursuite, et, le matin même du jour où les prévenus devaient être jugés , le ministère public déclara se désister purement et simplement de la plainte ; il en avait, dit-on , reçu l'ordre dans la nuit. Ainsi s'écroula, par sa propre faiblesse , cet échafaudage de poursuites ; et bientôt l'administrateur qu'elles avaient pour objet de venger cessa ses fonctions dans la colonie et fut rappelé en France.

Mais , petit à petit, les carlistes se rassurèrent; revenus de leur premier étourdissement, et voyant que la métropole ne paraissait point s'occuper de faire les changemens universellement désirés dans l'administration de l'île, ils s'appliquèrent à répandre sourdement des calomnies contre les partisans de la révolution de Juillet. Fidèles à la vieille maxime de tous les despotes, *diviser pour régner*, ils firent entendre aux habitans des quartiers éloignés du chef-lieu que le sort de leurs propriétés était compromis ; que les principes de la révolution de Juillet ne tendaient qu'à faire de l'île Bourbon un second Saint-Domingue ; on frappa les imaginations faibles, et l'on jeta ainsi les semences d'une profonde division entre les habitans de l'île.

Sachant bien toute l'influence qu'ont les *noms* et les *qualifications* dans les querelles de partis politiques, on créa les dénominations de *Créoles*, d'*Européens*, désignant sous ce dernier nom tous ceux qui étaient profondément attachés aux principes de la révolution de Juillet et aux intérêts de la mère-patrie, et les représentant tous, sans distinction, aux yeux des *Créoles*, comme des révolutionnaires qui voulaient bouleverser de fond en comble la colonie : et cependant parmi ces *Européens*, ces *prétendus révolutionnaires*, se trouvaient un grand nombre de citoyens créoles de naissance et propriétaires dans l'île Bourbon ; les autres étaient pour la plupart de riches et honorables négocians, qui certainement n'avaient rien à gagner dans les troubles. Mais la foule ne réfléchit point ; elle accueille aveuglément la calomnie, quelque absurde qu'elle soit, et les carlistes parvinrent ainsi à transporter la question sur un autre terrain.

On attaquait leur système de gouvernement, qui n'a-
vait été jusque-là que le règne du privilége pour un
petit nombre de familles ; on voulait que l'administration fût désormais dirigée dans l'intérêt du plus grand
nombre, conformément aux principes généreux de la
révolution de Juillet. Mais les carlistes persuadèrent
aux créoles que ces attaques contre un système politique n'avaient pour but que de faire révolter les noirs
et d'attaquer les propriétés privées des colons. En dé-
plaçant ainsi la question, et en soufflant le feu de la
discorde entre les créoles et les Européens, ils trouvè-
rent le moyen d'affermir peu à peu leur domination, en
s'appuyant sur les intérêts alarmés de la propriété
territoriale, un des ressorts les plus puissans en politique.

Leur confiance s'en accrut à un point qui passe toute
croyance ; ils affichèrent hautement leurs regrets et leurs
vœux pour la branche déchue. On peut juger de leur au-
dace par l'attentat commis le 25 avril, lors du mariage de
M. Jurien, ancien commissaire-ordonnateur, avec la fille
de M. Joseph Desbassyns, dont les journaux de France
ont déjà rendu compte à plusieurs reprises (1), et dont
la vérité peut être attestée par la ville de Saint-Denis
tout entière.

Ce mariage se célébrait à la chapelle du Gouverne-

____

(1) Voir *le Courrier français* du 2, du 3 et du 15 janvier 1832 ;
le Constitutionnel du 2 et du 3, du 6 et du 9, et *le Temps* du 14
du même mois.

ment, par un privilége tout spécial, bien dû sans doute à la famille Desbassyns. M. Joseph Desbassyns, au milieu du cortége qui se rendait à l'église, parut sur une chaise à brancard, faisant porter à côté de lui, par un de ses nègres, un drapeau blanc. Il traversa ainsi la ville, bravant l'indignation générale. Enfin un jeune homme, emporté par un patriotisme généreux, s'élança sur le drapeau, l'arracha et le mit en pièces.

Ce scandale fit rassembler sur la place un grand nombre de citoyens. M. Duchaillu s'y trouva comme beaucoup d'autres; on se procura un drapeau tricolore, et lorsque le cortége sortit de la chapelle, on obligea Joseph Desbassyns à arborer ce drapeau sur sa chaise. Le bon esprit des citoyens les détermina à se borner à ce genre de punition. Mais la provocation commise par Joseph Desbassyns n'en faillit pas moins occasioner les plus grands malheurs; car le capitaine de la compagnie d'artillerie dont la caserne est à côté de la place avait fait sortir ses soldats en armes. Heureusement M. Tabur, par son influence comme maire et comme ancien directeur de ce corps d'artillerie, parvint à les faire rentrer dans leur caserne.

Et c'était le 25 avril, cinq jours avant la fête de Louis-Philippe, que ce signal de révolte était ainsi promené en public par l'un des chefs de la faction !!! Ce rapprochement peut fournir matière à plus d'une réflexion. Nous n'ajouterons qu'un mot : une dénonciation à ce sujet a été portée par deux citoyens contre Joseph Desbassyns, et remise successivement au procureur du roi et au gouverneur ; mais elle est restée sans poursuites (1).

Le 1ᵉʳ mai, jour de la fête du Roi, les carlistes, avertis, par ce qui était arrivé le 25 avril, que l'opinion publique des habitans de Saint-Denis n'était pas pour eux, restèrent à l'écart, et la journée se passa très-bien. Mais le soir, au spectacle, quelques-uns d'entre eux tentèrent d'exciter des troubles, à l'occasion de *la Parisienne* et de quelques autres chants nationaux que le public demanda avec transport, et que les acteurs chantèrent avec une chaleur d'âme digne de tous les éloges.

Pendant les jours qui suivirent, le public demandait toujours à la fin du spectacle *la Parisienne*, et ne se lassait pas d'entendre ce chant patriotique que l'on ne connaissait que depuis peu de temps dans l'île. Les carlistes en devinrent furieux, et le dimanche 15 mai, sept ou huit d'entre eux, qui, par suite d'un complot formé d'avance, s'étaient placés les uns à côté des autres sur un

(1) Au reste, on ne doit pas s'en étonner beaucoup, lorsqu'on voit l'espèce de dédain que l'on manifeste pour le drapeau tricolore. On croirait à peine que ce drapeau n'a été mis sur l'hôtel du Gouvernement que huit mois après la nouvelle de la révolution de Juillet ; encore est-il petit, et on ne le met que quelquefois le dimanche.—On ne le voit sur aucun des hôtels occupés par les chefs d'administration ; auparavant, le drapeau blanc ne manquait pas d'y flotter.— Si l'on faisait une enquête à Saint-Denis, il serait très-facile de se procurer la preuve de tous ces faits et de beaucoup d'autres que nous passons sous silence.

même banc , derrière l'orchestre, se levèrent avec im-
pétuosité au moment où le parterre demanda *la Parisienne,* et voulurent s'opposer avec gestes et menaces à
ce qu'on la chantât. Mais les bons Français, beaucoup
plus nombreux qu'eux , donnèrent un grand exemple
de prudence et de modération , en ne répondant point
à ces provocations et en conservant une attitude calme
qui finit par en imposer aux perturbateurs. Force resta
au bon droit, et *la Parisienne* fut chantée comme à l'ordinaire.

Dès le lendemain, 16 mai, il se forma publiquement,
et sous les yeux de l'autorité, une espèce d'association
de carlistes , qui s'arrogeait le titre de *Chevaliers ou amis
du bon ordre.*

Le mardi 17, il y eut spectacle; une cinquantaine
de ces chevaliers se placèrent à l'orchestre. Les meneurs
de cette cabale étaient parvenus à faire mettre sur l'af-
fiche que *la Parisienne* ne serait chantée qu'un quart
d'heure après le spectacle. Ils comptaient que le public
perdrait patience et manifesterait hautement son mécontentement contre un retard aussi singulier ; ils espé-
raient ainsi le pousser à bout et trouver dans ses clameurs un prétexte pour faire fermer le théâtre. Mais
leur espoir fut trompé; personne ne sortit, et le public attendit patiemment et en silence que le quart
d'heure fût écoulé. Enfin les deux premiers couplets
furent chantés , et comme à l'ordinaire couverts d'ap-
plaudissemens et de bravos, et l'on cria *Vivent les Pa-
risiens !* A l'instant les prétendus champions de l'ordre

excitèrent un tapage affreux par leurs cris et leurs vociférations, et la police ne fit rien pour les obliger à respecter le bon ordre.

Au sortir du spectacle, un capitaine du 16e. léger, M. De Roland, qui était l'un de leurs affiliés, voulant sans doute faire naître entre les Européens et les créoles une dispute que ses amis n'avaient pu réussir à exciter dans l'intérieur du théâtre, s'oublia au point de frapper à plusieurs reprises de sa canne un jeune homme; puis il se rendit au café de la Comédie, et là, élevant la voix, il se mit à déclamer contre les libéraux, les Européens, les perturbateurs, etc. Quelques - unes des expressions déplacées dont il se servit parurent avoir été adressées par lui à dessein à une personne qui se trouvait dans le même café, et qui s'entretenait paisiblement à une autre table avec un ami. Cette personne était M. Brocard, créole de l'île Maurice. M. Brocard s'approcha du capitaine De Roland, et lui demanda l'explication de ce qu'il venait de dire à son sujet. Une discussion animée s'engagea et se prolongea même pendant quelques instans dans la rue voisine : MM. Brocard et De Roland étant sortis tous deux du café, en ce moment-là M. Duchaillu, qui sortait du spectacle, vint à passer; il aperçut M. Brocard, avec qui il est lié, et comme il était tard et qu'il était plus que temps que cette discussion cessât, il lui dit : « Allons, Brocard, il ne faut pas tant de raisons; viens - t'en. » M. De Roland s'en offensa, et dit à M. Duchaillu qu'il se mêlait de ce qui ne le regardait pas, et lui demanda son nom; M. Duchaillu se nomma, et lui dit que ce n'était pas à lui qu'il s'adressait, mais à Brocard. Aussitôt le capitaine De Roland, haussant le ton, lui dit : « Personne mieux que moi ne vous connaît, vous êtes un *pleutre, un mauvais soldat, un mauvais sujet, un lâche, un polisson,* » et une multitude d'autres invectives. Il eût fallu beaucoup de sang-froid pour ne point répondre à un semblable torrent d'injures ; M. Duchaillu conserva cependant assez de calme, et se contenta de dire à M. De Roland : *Vous ! vous êtes déshonoré en donnant des coups de canne.* Alors celui-ci, comme pour prouver qu'il était coutumier du fait, s'écria : *Retirez-vous, ou je vous f... des coups de chabouck ;* et en même temps il marchait contre M. Duchaillu la canne levée. Celui-ci, qui n'était pas d'humeur à recevoir des coups de bâton, lui dit : *N'avancez pas, ou je vous f... mon poignard dans le ventre.* M. De Roland répondit : *Si tu as un poignard, moi j'ai des pistolets,* et il fit même le geste de fouiller dans sa poche. (Mais on doit dire avec loyauté, ainsi que tous les témoins pour et contre l'ont déclaré dans l'instruction du commissaire de police, que ni l'un ni l'autre n'avaient de poignard ni de pistolets, et que M. Duchaillu notamment n'avait jamais porté de poignard en aucune circonstance ; chacun d'eux, en parlant d'armes cachées qu'il disait avoir sur lui, ne voulait qu'intimider son antagoniste.) A la fin, ils se proposèrent mutuellement de vider la querelle le soir même, au pistolet ; mais les assistans parvinrent à les séparer et à les emmener chacun chez eux. Ils ne se quittèrent pourtant pas sans se donner rendez-vous pour le lendemain matin, 18 mai.

Le duel devait avoir lieu au Jardin du Roi ; mais les chevaliers de l'ordre en ayant été prévenus, un attroupement de cent à cent vingt d'entre eux se porta au lieu du rendez-vous, dans le but d'empêcher le combat ; le capitaine De Roland, les voyant venir de loin, se retira. M. Duchaillu, arrivant quelques minutes après, ne trouva plus son adversaire, mais bien le commissaire de police, qui avait suivi l'attroupement, et qui invita M. Duchaillu à l'accompagner chez le directeur de l'intérieur, ce qu'il fit immédiatement et de bonne grâce.

Pendant qu'ils étaient chez le directeur de l'intérieur, l'attroupement carliste vint en masse pousser des clameurs à la porte de l'hôtel, demandant l'embarquement de M. Duchaillu. Ainsi il ne leur suffisait pas d'avoir, par la tyrannie de leur nombre, empêché la rencontre de MM. Duchaillu et De Roland, il fallait encore que l'on sacrifiât à leurs ressentimens politiques M. Duchaillu, par cela seul qu'il n'avait pas la même opinion qu'eux, et que, provoqué par les injures les plus grossières, il avait osé proposer à l'un des leurs une partie d'honneur.

Ces cris de proscription ne furent que trop entendus par l'autorité.

Le directeur de l'intérieur renvoya M. Duchaillu devant le procureur du roi, et celui-ci donna l'ordre au commissaire de police de procéder à l'interrogatoire de l'inculpé et à une enquête.

M. Duchaillu, sur les interpellations qui lui furent

adressées, raconta comment les choses s'étaient passées ;
et comme il ne s'agissait que d'une simple querelle
privée, dans laquelle son antagoniste avait les premiers
torts, il devait croire qu'il serait mis immédiatement
en liberté, ou bien que M. De Roland serait arrêté aussi
bien que lui, sauf à voir après cela qui avait tort ou
raison.

Mais il n'en fut rien. L'autorité mit dans cette affaire
la plus révoltante partialité. M. De Roland fut laissé
parfaitement tranquille chez lui ; mais M. Duchaillu,
qui, par son crédit et sa fortune commerciale, offrait
une garantie bien plus que suffisante pour qu'on pût le
mettre en liberté provisoire, fut jeté dans les prisons de
Saint-Denis, au milieu des plus vils criminels, sur un
ordre spécial du gouverneur. On voulait absolument faire
de cette affaire particulière une espèce de crime d'état.

Le lendemain 18, le commissaire de police procéda
à l'enquête.

Les dépositions de toutes les personnes qui ont été
interrogées se réunissent pour justifier M. Duchaillu.

Le capitaine De Roland, entendu le premier *comme
témoin*, n'a pu s'empêcher de rendre lui-même hommage à la vérité, en rapportant les faits à peu près
comme nous les avons racontés ci-dessus, et dans le
même ordre ; seulement il a cherché à les affaiblir un
peu : « Je demandai, dit-il, à Duchaillu qui il était ;
il se nomma : je lui dis avec *énergie* qu'il se mêlait de
ce qui ne le regardait pas ; que personne mieux que
moi ne le connaissait, et qu'il était un mauvais sujet.

Il me dit *alors* (mais seulement alors') : « Au surplus, vous vous êtes déshonoré en donnant des coups de canne. »

Ce que le capitaine De Roland appelle de l'énergie était tout uniment les injures les plus grossières ajoutées à la qualification de mauvais sujet : c'est sur quoi s'accordent tous les autres témoins. Voici comment MM. Rodier et Serrade racontent la scène : « Nous trouvâmes le sieur De Roland en explication avec M. Brocard ; survint Duchaillu, qui dit à Brocard : *Viens, allons-nous-en.* Alors De Roland, se tournant, l'apostropha. Duchaillu dit à De Roland que ce n'était pas à lui qu'il s'adressait. De Roland, élevant alors la voix, dit à Duchaillu qu'il était un *pleutre, mauvais soldat, lâche, et un tissu de sottises dont nous ne pouvons rapporter les termes,* etc. »

M. *Grivel,* lieutenant au 16e. léger, dépose : « .....Au même instant passa Duchaillu, qui dit au sieur Brocard : Viens-t'en, laisse cet officier ; il s'est déshonoré en donnant des coups de canne par derrière. Alors le sieur De Roland *invectiva de la manière la plus indigne le sieur Duchaillu,* le menaça de le frapper de coups de canne, etc. » M. Grivel fait ici une transposition involontaire : ce n'était qu'après les invectives outrageantes parties de la bouche de M. De Roland, que M. Duchaillu avait dit à celui-ci qu'il s'était déshonoré en donnant des coups de canne, et cela est certain d'après la déclaration de M. De Roland lui-même, ainsi qu'on vient de le voir. L'ordre des faits ainsi rétabli, il demeure toujours constant, d'après la déclaration de

M. Grivel, que M. Duchaillu avait été invectivé de la manière la plus indigne par M. Des Rolland.

M. *Ormières*, négociant : ..... « De Roland, après avoir dit : J'ai des pistolets, fit geste de fouiller à sa poche. Duchaillu conserva *une attitude assez calme*, et engagea toujours Brocard à venir avec lui. Duchaillu s'en alla seul. »

M. *Laporte*, ancien notaire : sa déclaration a été à peu près la même que celle de MM. Rodier et Serrade.

M. *Brocard :* « Duchaillu venant à passer me dit : Allons nous coucher; ne disputons pas. M. De Roland lui demanda qui il était : il se nomma. De Roland lui dit qu'il devait savoir que depuis long-temps il le connaissait, qu'il avait été son capitaine, qu'il *était un pleutre, un mauvais sujet, un lâche.* Le sieur Duchaillu lui dit qu'il s'était déshonoré; alors De Roland le menaça de coups de bâton, etc. »

Il demeure donc prouvé que si la querelle est allée plus loin, c'est parce que M. De Roland n'avait pas conservé vis-à-vis de M. Duchaillu la modération de parole et les égards que les hommes se doivent toujours entre eux, lorsqu'ils ne veulent pas vivre en état de guerre.

Le commissaire de police a cru devoir faire quelques questions à M. De Roland, au sujet des coups de canne que M. Duchaillu lui avait reproché d'avoir donnés à la sortie du spectacle, le 17 mai. M. De Roland nous paraît s'en être assez mal défendu ; le commissaire de police lui demande : Le fait est-il vrai? S'il ne l'était pas, c'était le cas de répondre immédiatement : Non.

Au lieu de cela, M. De Roland répond : Je n'avais pas de canne, je n'avais qu'une badine que je tiens ici. — Mais enfin, que ce soit une canne ou une badine, répondez donc directement, si vous en avez frappé quelqu'un en sortant du spectacle. J'ai joué avec MM. Boyer ou Dumesnil. Il a fallu que le commissaire insistât une troisième fois, et lui dît : Vous niez donc avoir frappé un jeune homme en sortant du spectacle, pour que M. De Roland se décidât à répondre : *Oui, positivement.* — Mais pourquoi, lorsque Duchaillu vous a reproché d'avoir frappé ce jeune homme, et que cet acte était le sujet de la conversation de tous les groupes, n'avez-vous pas relevé ce reproche, qui pouvait attirer sur vous le mécontentement général ? M. De Roland répond : Je pensais qu'une calomnie devait tomber d'elle-même, et je n'ai été frappé que du mot *déshonoré.*

Mais comment, à la vue de ces hésitations, les hommes impartiaux pourraient-ils se résoudre à regarder ce reproche comme une calomnie, lorsqu'on prend en-suite la nature sur le fait, la première menace adressée par M. De Roland à M. Duchaillu après les injures étant la menace de coups de bâton.

Ajoutons, pour compléter les documens à cet égard, ce qu'ont dit quelques témoins : MM. Duvergier, De la Hogue, Olivier et Meven, qui avaient fait partie de l'at-troupement des amis de l'ordre, interrogés par le com-missaire de police s'il était à leur connaissance que M. De Roland eût donné des coups de canne à un jeune homme en sortant du spectacle, ne voulant pas trop charger M. De Roland, leur camarade, répondent :

Oui, nous l'avons entendu dire, mais le lendemain on nous a affirmé le contraire. Ce *oui, nous l'avons entendu dire*, qui est le premier jet de la vérité, nous paraît précieux ; on peut regarder le reste comme une complaisante atténuation.

Mais M. Laporte, autre témoin, a été plus explicite sur ce point : « Après la querelle du soir, un moment après que M. Duchaillu et M. De Roland eurent été séparés, me trouvant avec M. Grivel à quelques pas de là, je lui dis : « Il est bien malheureux pour ce jeune homme d'avoir reçu des coups de canne ; car on dit qu'ils étaient destinés à un autre. M. Grivel me répondit que M. De Roland lui avait assuré qu'il ne s'était pas trompé, et que les coups étaient bien arrivés à leur adresse. »

Ainsi, il résultait de toute cette information : 1°. qu'il était plus que vraisemblable que M. De Rolland avait réellement donné des coups de canne à quelqu'un au sortir du spectacle ; 2°. que le reproche ne lui en avait été fait par M. Duchaillu que lorsque celui-ci s'était vu insulté de la manière la plus outrageante et la plus inexcusable par cet officier ; 3°. qu'après tout, il n'y avait là qu'une querelle privée, survenue fortuitement, et dont la police n'avait pas à se mêler.

Mais ce résultat ne pouvait satisfaire les hommes passionnés ; on voulait absolument trouver d'autres griefs contre M. Duchaillu. Dans cet esprit, le commissaire de police crut devoir entendre M. Salaun de Kermarcal, l'un des principaux acteurs de l'attroupement, et après l'avoir grondé bien doucement, pour la forme, d'en avoir fait partie, il lui adressa complaisamment la question suivante :

« Vous croyez donc que la querelle entre Duchaillu et De Roland avait rapport aux affaires politiques, ou du moins à celles qui faisaient l'agitation du théâtre ? » — M. Salaun s'empressa de répondre : « J'ai toujours pensé que l'affaire de M. De Roland avait été suscitée par le motif qui nous unissait au théâtre pour aider à maintenir l'ordre. Nous avions déplu à quelques personnes qui ne pensaient pas comme nous, et parmi ces personnes j'ai pensé reconnaître M. Duchaillu, d'un côté, par rapport au bruit du poignard (M. Salaun a dit, dans une précédente réponse, que ses craintes à ce sujet avaient été dictées par l'erreur, et qu'il le reconnaissait avec plaisir) (1) ; d'un autre côté, par l'entrée que le sieur Duchaillu a faite au spectacle, qui m'a paru idéalement suspecte : son costume et sa manière d'être ne m'ont pas fait voir en lui un homme qui paraissait devant une société. »

Voilà donc deux griefs nouveaux : 1°. suivant la manière de voir de M. Salaun, ce serait M. Duchaillu qui aurait cherché une mauvaise querelle à M. De Roland, parce que celui-ci faisait partie des *amis de l'ordre*.

2°. Ensuite, la preuve que cette querelle a rapport

---

(1) Nous avons déjà eu occasion de dire que tous les témoins, sans exception, s'étaient empressés de reconnaître que Duchaillu n'avait point de poignard. D'ailleurs il suffit de lire l'information pour être complètement éclairé sur ce point.

aux affaires politiques, c'est que M. Salaun a cru re-marquer que M. Duchaillu était entré, le 17, au théâtre, en un costume peu convenable.

Quant au premier grief, c'est la fable du loup et de l'agneau : c'est l'ami de l'ordre qui a, au contraire, provoqué l'homme paisible, qui ne songeait qu'à se retirer et à emmener avec lui M. Brocard, son ami. Par cela seul qu'on se dit ami de l'ordre, on pourra donc donner des coups de canne ou insulter impuné-ment les citoyens ; et si quelqu'un s'avise de ne pas vouloir se laisser injurier, il suffira de crier au révolu-tionnaire, au perturbateur du repos public, pour que l'autorité vous écoute, et sacrifie celui qui n'a fait que se défendre.

Quant au second grief, la fausseté en égale le ridi-cule. M. Duchaillu assistait au spectacle le 17, mais il n'était pas au parterre, il était aux secondes galeries ; il était vêtu d'un habit noir, d'un pantalon et d'un gilet blancs, et portait un chapeau noir. Tel était encore son costume lorsqu'en sortant du théâtre il rencontra MM. Brocard et De Roland, et que celui-ci lui chercha querelle. Aucun des témoins de cette querelle n'ont dé-posé qu'il eût une veste blanche, et l'un d'eux, M. Bro-card, sur l'interpellation du commissaire, a donné la description exacte du costume de M. Duchaillu, tel que nous venons de le désigner. Si cette assertion n'eût pas été vraie, les autres témoins, qui avaient vu de près M. Duchaillu, n'auraient point manqué de la relever.

M. Salaun est donc le seul qui ait fait allusion, par une méprise évidente, au costume prétendu inconvenant de M. Duchaillu. Il s'est trompé, et cela n'est pas bien étonnant, puisqu'il connaît fort peu M. Duchaillu; il a pris quelque autre pour lui.

Quant à l'anonyme qui a mis sur la copie de l'information, en face de la déposition de M. Brocard, les annotations suivantes : *M. Duchaillu avait, au spectacle, une veste blanche. — Je l'ai vu presque tout le temps au parterre,* on peut lui répondre qu'il a dit un *mensonge.* On n'est pas obligé d'être poli à l'égard d'un calomniateur anonyme.

Au surplus, comme M. Duchaillu tient à conserver la réputation d'homme de bon ton et de bonne société, que ces épigrammes ont pour objet de lui ôter, il est porteur d'un certificat, signé par plusieurs personnes notables qui l'ont vu ce jour-là au spectacle, et notamment par M. Doynel, grenadier de service au théâtre, et devant qui il fallait absolument passer toutes les fois qu'on voulait entrer ou sortir : toutes ces personnes ne l'ont vu qu'en habit noir.

C'en est assez sur ce point. Ce sont cependant de pareilles misères et niaiseries qui ont été l'un des fondemens de la condamnation qui, peu de jours après, est venue le frapper.

Pendant que cette instruction se faisait le 19 mai dans le cabinet du commissaire de police, que se passait-il dans la ville?

Les amis de l'ordre parcouraient les rues de Saint-Denis en attroupemens nombreux, menaçant et provoquant du geste les Européens; ils étaient poussés par la faction dont les desseins ambitieux étaient merveilleusement servis par cette association formée en dehors de toutes les règles d'un gouvernement sage, et que cependant le gouvernement de la colonie se gardait bien de réprimer, les regardant comme d'utiles auxiliaires.

La faction eût bien désiré voir éclater la guerre civile, afin d'avoir occasion de faire *une journée*; mais le bon esprit des citoyens vint encore déjouer tous ces complots : un rapprochement eut lieu entre les créoles et les Européens ; on s'expliqua..... on s'entendit.

Une réconciliation entre les partis était mortelle pour les privilégiés ; jusqu'alors leur puissance ne s'était maintenue qu'au moyen de la discorde entretenue avec soin.

Pour paralyser sans délai les effets de ce rapprochement, la faction crut avoir besoin de frapper un coup décisif. Le soir même, elle fit semer le bruit qu'une révolte de nègres avait lieu à quelque distance de la ville. L'alarme se répandit dans Saint-Denis avec la rapidité de l'éclair ; Européens et créoles, militaires, miliciens, bourgeois, tout le monde, en un mot, courut aux armes. Le gouverneur, à pied, à la tête d'une trentaine de militaires, marcha jusqu'à environ un quart de lieue de la ville ; mais bientôt M. Revel, avocat, qui était parti en avant comme éclaireur, vint lui annoncer qu'il n'y avait même pas d'apparence d'un rassemblement de noirs, et l'avant-garde rentra immédiatement.

Ce ne fut là en réalité qu'une mystification : mais le but de ses auteurs était à peu près analogue à celui que l'on se proposa dans la métropole à une certaine époque de la première révolution, lorsqu'en un seul jour on mit toute la France en armes en faisant courir le bruit absurde de l'approche des brigands ; c'était d'entretenir l'exaltation des esprits , de ranimer par une vague terreur les inquiétudes des créoles, de rallumer le feu des divisions qui commençait à s'éteindre entre eux et les Européens.

Cette tactique produisit ses fruits. La haine se déchaîna de nouveau contre les Européens, et la faction, profitant rapidement de cette disposition d'esprit des créoles, s'en servit pour assurer son triomphe en recourant à deux grandes mesures : la première, la destitution de quelques fonctionnaires ; la deuxième, des sentences de bannissement ou de proscription prononcées, en vertu du pouvoir discrétionnaire, contre quelques individus, afin de faire des exemples et d'ôter par là à qui que ce fût la volonté de lutter désormais contre sa toute-puissance.

Le 23 mai, par suite d'un concert entre les principaux meneurs, M. Tabur, maire de Saint-Denis, fut mandé par le gouverneur pour l'engager à donner sa démission. M. Tabur s'était toujours signalé par son indépendance, son attachement aux principes constitutionnels, et son respect pour les lois. Profitant de sa popularité et de la considération profonde qu'il avait su s'attirer de la part du public par ses talens, ses services et sa haute probité, plus d'une fois il s'était interposé avec succès pour éviter des collisions funestes ; plus d'une fois, actif surveillant des projets et des démarches de la faction, il avait opposé une digue puissante à leur exécution et évité bien des malheurs. Mais cette fois le frein était rompu ; la faction levait le masque, et le gouverneur avait droit d'exiger la démission ; M. Tabur la signa : ce fut une véritable destitution.

On destitua en même temps M. Maillard, commis-greffier du juge-de-paix de Saint-Denis.

Le 25 mai, deux jours après, le Conseil privé s'assembla pour l'exercice des pouvoirs extraordinaires, c'est-à-dire pour condamner extrajudiciairement les victimes désignées, au nombre de trois.

Les deux premières furent condamnées à quitter la colonie. Quant à la troisième, qui était M. Duchaillu, on ne trouvait dans sa conduite rien qui pût motiver une semblable mesure à son égard. L'instruction du commissaire de police avait expliqué à son avantage l'affaire du duel avec M. De Roland : mais M. Duchaillu était alors en prison, sous la main de la faction ; elle ne pouvait se déterminer à laisser échapper sa proie saine et sauve. M. Duchaillu fut banni de la ville de Saint-Denis, et soumis pendant un an à la surveillance de la haute police à Saint-Paul.

Il fallait au moins des prétextes pour colorer cette inique proscription. Dans l'impossibilité d'articuler contre lui aucun fait précis, on eut recours aux généralités ; on s'en prit à l'ensemble de sa conduite politique ; on voulait le punir de l'enthousiasme qu'il avait montré aux premiers jours de la révolution nouvelle.

En outre, M. Duchaillu a été soupçonné trois fois d'avoir favorisé indirectement la traite des nègres ; mais trois fois ces soupçons ont été écartés par des arrêts de la chambre des mises en accusation. Croirait-on néan-moins qu'au mépris des décisions de la justice, les ennemis de M. Duchaillu ont osé aller chercher dans ces imputations mensongères de faits d'ailleurs étrangers à la politique des motifs pour justifier l'ostracisme prononcé contre lui.

Enfin on est allé jusqu'à fouiller dans sa conduite privée. Lui, que deux attestations (1) revêtues de quatre-vingts signatures des citoyens les plus honorables, parmi lesquelles on remarque celle de M. Tabur, et celle de M. De Roland, capitaine commandant de carabiniers (le frère de celui dont nous avons parlé plusieurs fois), représentent non-seulement comme un excellent Français, mais encore comme un homme d'honneur et un honnête homme, dont la moralité est à l'abri de toute atteinte, on ose le signaler dans l'arrêté du Conseil privé comme ayant une mauvaise conduite habituelle, et cela d'après un extrait des registres du parquet, appliqué avec une perfidie que notre indignation signalera tout à l'heure.

Voici, au surplus, le texte de l'arrêté du Conseil privé :

Le Conseil privé, constitué pour l'exercice des pouvoirs extraordinaires, composé de :

MM. Duval-Dailly, gouverneur, président ;
Ach. Bedier, commissaire-ordonnateur ;
De Fleury, directeur-général de l'intérieur par intérim ;
Desmolières, procureur-général par intérim ;

______

(1) On les trouvera ci-après, aux pièces justificatives

Fréon, conseiller colonial;

Joseph Lory, *id.*;

Grelot, sous-commissaire-inspecteur par intérim;

Et assisté de:

MM. Guy Desrieux, conseiller à la Cour royale;

Le Tinturier, conseiller-auditeur à la même Cour;

M. Binan, secrétaire-archiviste par intérim, tenant la plume;

Vu l'instruction dirigée par le commissaire de police de Saint-Denis contre le sieur Duchaillu;

Vu le mémoire en réponse dudit sieur Duchaillu, signé par M°. Lesueur, avocat au Conseil privé;

Vu toutes les pièces produites et jointes au dossier :

Attendu qu'il résulte, des renseignemens fournis par un grand nombre de personnes notables de la ville de Saint-Denis et de ceux produits par la police, que le sieur Duchaillu a figuré dans tous les troubles qui ont porté atteinte à la sécurité de la colonie depuis le 27 octobre dernier, notamment le 25 novembre, le 25 avril, le 17 mai, et pendant diverses représentations qui ont eu lieu au théâtre, et dans des circonstances qui pouvaient donner encore plus de gravité aux actes qui lui sont reprochés;

Attendu que ces actes pouvaient avoir pour résultat d'ébranler le régime colonial;

Attendu que trois instructions pour crime de traite des noirs ont été dirigés contre lui, et que deux de ces instructions ont été soumises à la chambre d'accusation ; que si cette chambre a déclaré qu'il n'y avait pas de preuves légales suffisantes pour renvoyer devant la Cour d'assises, la notoriété publique ne l'en accuse pas moins de s'être livré à ce trafic infâme;

Que les registres du parquet le signalent encore comme ayant été sous le coup de diverses plaintes démontrant sa mauvaise conduite habituelle;

Que de toutes ces circonstances il résulte la nécessité de soumettre Duchaillu à une mesure de haute police :

Vu les articles 72, 78 et 164 de l'ordonnance royale du 21 août 1825,

Arrête à l'unanimité :

ARTICLE 1er. Le sieur Duchaillu sera placé, pendant un an, sous la surveillance de la haute police de Saint-Paul, et, en conséquence, il sera tenu de se présenter tous les jours au bureau de police de ce quartier.

ART. 2. Le directeur-général de l'intérieur est chargé d'assurer l'exécution du présent.

Saint-Denis, le vingt-cinq mai mil huit cent trente-et-un.

Cet arrêté, en obligeant M. Duchaillu à quitter le siége de ses affaires pendant un an, devait avoir pour effet de le ruiner entièrement. Conçoit - on d'ailleurs tout ce qu'avait d'humiliant pour un homme de cœur la nécessité d'aller tous les jours, pendant une année tout entière, faire la révérence à l'homme de police de Saint-Paul?

M. Duchaillu écrivit au gouverneur qu'au lieu de subir son exil il se disposait à partir pour la France, afin de réclamer protection et justice, et il demanda copie des pièces à charge.

Le directeur de l'intérieur lui répondit, au nom du gouverneur, qu'on lui donnait un mois pour disposer son départ, et lui fit délivrer copie de l'instruction du commissaire de police et de l'extrait des registres du parquet.

M. Duchaillu a été obligé de vendre à la hâte une grande partie de ses marchandises, ce qui lui a fait éprouver des pertes considérables.

Mais il apporta en France l'espoir de la réparation.

C'est maintenant au gouvernement de la métropole à juger les actes du gouvernement de l'île, à venger les particuliers froissés par ces actes tyranniques, et surtout à s'occuper d'assurer l'avenir de cette colonie par le choix d'hommes nouveaux et par une législation nouvelle appropriée aux besoins de l'époque, basée sur les principes d'une liberté raisonnable, et de laquelle surtout le *bon plaisir* et les *conseils privés* soient bannis pour toujours.

Le Conseil privé n'a été organisé par M. de Villèle, dans l'ordonnance de 1825, qu'afin de placer les gouverneurs de la colonie sous la dépendance de sa famille et de ses créatures, dont il eut soin de remplir ce Conseil. D'après la lettre de cette ordonnance, le gouverneur est bien déclaré seul responsable même des mesures extraordinaires délibérées en Conseil privé, mais dans la réalité il fléchit toujours sous la puissante influence de la faction ; et voilà comment une oligarchie menaçante pour les libertés de tous envahit tous les pouvoirs de l'île.

M. Duchaillu laissera à d'autres plus éclairés que lui le soin de développer cette thèse et d'indiquer les autres améliorations dont le régime de l'île Bourbon serait susceptible (1).

Il se bornera, dans son intérêt privé, à combattre en peu de mots les motifs de l'odieux arrêté qui est

______

(1) On peut voir quelques aperçus à ce sujet dans des observations critiques sur la constitution de l'île Bourbon, extraites du *Courrier français* du 14 octobre 1828, et insérées dans le Recueil de M. Sirey, tome XXVIII, 2ᵉ. partie, pag. 307.

venu le frapper dans sa liberté, sa considération et sa fortune, et à poser les questions sur lesquelles il invoquera les lumières de son conseil.

PREMIER MOTIF. *Conduite politique de M. Duchaillu*

Un grand nombre de personnes notables ont, dit-on, fourni contre lui des renseignemens défavorables sous ce rapport. M. Duchaillu a demandé à être mis en présence de ces *prétendus notables*; on ne l'a point écouté; il n'a pu ni répondre ni se justifier de calomnies ainsi répandues dans l'ombre. Quelles sont donc ces *notabilités?* comment, pourquoi, sous quel rapport *ces individus sont-ils notables?* Cela eût pourtant été essentiel à connaître. Il n'est ni généreux ni loyal d'accuser un homme qui ne peut se défendre. C'est là de la délation romaine déguisée sous un nom pompeux, et il est impossible d'y reconnaître le caractère français.

On parle de troubles qui auraient porté atteinte à la sécurité de la colonie, et qui pouvaient ébranler le régime constitutif du pays.

Mais si des faits de cette gravité se sont réellement passés, depuis le 27 octobre 1830, aux diverses époques mentionnées dans l'arrêté, pourquoi ne les a-t-on pas recherchés et constatés? Cependant les moyens répressifs ordinaires et extraordinaires ne manquaient pas; où sont les informations? et si la justice ordinaire ou administrative a été saisie, où sont ses décisions?

Mais non, ces prétendus troubles n'ont jamais existé. Seulement la faction a vu avec chagrin, avec colère, arriver dans l'île l'aurore du régime nouveau annoncé par le drapeau tricolore. Après avoir essayé vainement de repousser ce drapeau à force ouverte, elle a cherché par la ruse, en se couvrant du masque des couleurs nouvelles, à maintenir l'ancien régime. Tous ses efforts ont eu pour but d'étouffer l'esprit public et l'élan généreux des citoyens vers tous les genres d'améliorations. Nous ne reviendrons pas ici sur les actes divers par lesquels cette politique du parti s'est manifestée. Nous avons fait voir précédemment l'enchaînement et les combinaisons diverses de son plan. Seulement nous ajouterons ici qu'il faut être aveuglé par la passion, pour oser faire un crime à M. Duchaillu d'avoir, le 27 octobre, le 25 novembre et le 25 avril, manifesté avec enthousiasme son opinion politique. Eh quoi ! avoir proclamé le 27 octobre la nouvelle de notre régénération civique serait un titre de proscription ! avoir crié le 25 novembre, avec tout le peuple de Saint-Denis : Vive Louis-Philippe ! A bas le gouvernement de Charles X et les jésuites ! serait un titre de proscription, le 25 mai, six mois après que la circonstance est passée. Il faut convenir que la faction se ravise un peu tard ; car, peu de jours après le 25 novembre, elle n'avait pas jugé qu'on pût incriminer M. Duchaillu ni le renvoyer en police correctionnelle à raison de ces cris. Que s'est - il donc passé dans l'intervalle ? Nous l'avons déjà dit : les carlistes, un instant ébranlés, se sont raffermis, et il paraît qu'ils ont repris beaucoup de courage ; car il faut en avoir un bien grand pour aller jusqu'à proscrire M. Duchaillu, pour avoir, le 25 avril, frémi d'indignation, comme tous les autres citoyens, à la vue du drapeau blanc. En vérité, c'est in-croyable ! —Quant aux événemens du théâtre et au fait du 17 mai, dont on fait un dernier grief contre M. Du-chaillu dans le chapitre des considérations politiques, M. Duchaillu, qui est un homme d'honneur, nie po-sitivement avoir été au spectacle pendant les jours qui ont précédé le 17 mai. Ce jour-là il y était, il est vrai ; mais, en homme très-paisible, il avait pris sa place aux secondes galeries, et il est faux qu'il s'y soit présenté en costume inconvenant. — D'ailleurs, au théâtre, il n'y a eu d'atteintes à l'ordre que de la part des prétendus amis du bon ordre, qui, le jour même de la fête du Roi et depuis, se sont opposés constamment à ce qu'on chantât la Parisienne.—Pour ce qui s'est passé à la sortie du spectacle, le 17, entre MM. Duchaillu et De Roland, nous avons prouvé que les torts étaient du côté de ce-lui-ci.

Que reste-t-il donc de cette espèce d'accusation de *ten-dance*, de ce délit complexe, composé avec effort, de faits pris de loin en loin? Rien, absolument rien. La conduite politique de M. Duchaillu n'offre rien, au contraire, qu'un honnête homme et un bon citoyen ne puisse hautement avouer. Mais il est victime d'un système, et il faut bien espérer que le gouvernement de la métropole, en chan-geant ce système, saura aussi réparer l'injustice parti-culière dont nous nous plaignons.

Deuxième motif. *La notoriété publique indique M. Duchaillu comme ayant favorisé en plusieurs circonstances la traite des noirs.*

Nous voilà tout à coup transportés sous l'ancien régime tout pur, où il suffisait qu'un accusé fût *véhémentement soupçonné* d'un crime ou d'un délit pour être condamné; alors, pour infliger des peines, il n'était pas nécessaire que le magistrat fût convaincu, il suffisait d'un *soupçon* ou d'un *doute;* mais lorsque nos mœurs nouvelles ont fait justice de cette jurisprudence barbare, les colonies auraient-elles par hasard conservé cet atroce privilége? Nous ne pouvons nous résoudre à le croire.

Le Conseil privé a d'ailleurs foulé aux pieds la maxime sacrée *non bis in idem.* Peut-il être permis de se jouer ainsi des décisions solennelles de la justice? Quel nom donner à ce pouvoir qui s'élève ainsi au-dessus de toutes les règles et des lois, et qui trouve à punir où la justice régulière n'a trouvé qu'à acquitter?

Au surplus, M. Duchaillu doit repousser cette notoriété comme une noire calomnie; jamais il ne s'est livré directement ou indirectement à l'infâme trafic de la traite. Il est douteux que quelques-uns des *prétendus notables* qui l'ont inculpé puissent en dire autant.

En résumé sur ce point, le champ de la politique ne fournissant point suffisamment de charges contre M. Duchaillu, le Conseil privé a senti la nécessité de se jeter dans d'autres domaines. Il a voulu intéresser l'humanité au maintien de son arrêté; mais on découvre trop d'arrière-pensées sous cette apparente sensibilité, et en conséquence le moyen manque tout à fait son but.

Troisième motif. *Conduite privée de M. Duchaillu.*

L'arrêté a recours aux registres du parquet pour critiquer la moralité de M. Duchaillu. Singulière preuve que ce grand livre de police, où chaque citoyen a son compte courant, dans lequel on enregistre toutes les plaintes, bien ou mal fondées ! Il suffit donc d'être inscrit sur ce livre redoutable comme inculpé, à tort ou à raison, de faits de simple police tout à fait insignifians, ou même d'y être inscrit comme *victime de voies de fait,* pour qu'on vous fasse indistinctement l'application de ce livre en mauvaise part, et pour qu'on vous taxe de mauvaise conduite. Ainsi si jamais il vous arrive d'être battu par quelqu'un, même sans raison ni motif, prenez bien garde que la police le sache, car, plus tard, on vous dira peut-être, dans l'occasion : Vous êtes un mauvais sujet, car votre nom est inscrit quelque part sur les registres du parquet.

C'est pourtant cette amère dérision qui forme la principale base de l'arrêté du Conseil privé sur ce point.

Le registre signale trois faits particuliers :

1°. A la date du 16 juillet 1827, M. Duchaillu a été inculpé d'injures graves envers un huissier dans l'exercice de ses fonctions.

2°. Le 25 mars 1829, on lui reproche d'avoir frappé *Adonis,* esclave du sieur François Vertiguen, maître de port à Saint-Denis.

3°. Le 21 juillet 1830, on l'inscrit comme ayant fait

une blessure grave au nommé Martin, voltigeur du 16ᵉ. léger.

Qui ne croirait, en voyant ces trois faits ainsi présentés et rapprochés, que M. Duchaillu est un homme dangereux, que l'on a bien fait d'exiler pendant quelque temps pour lui donner une leçon !

Eh bien, il n'en est rien ! le dernier fait surtout, qui paraît le plus charger M. Duchaillu, n'est, au contraire, qu'un guêt-à-pens dans lequel il a failli succomber. Le 21 juillet 1830, au soir, il se promenait avec une femme de couleur, lorsqu'il fut tout d'un coup assailli par un militaire qu'il ne connaissait point, et qui, d'un coup de sabre, lui fendit son chapeau, que la police a recueilli comme pièce de conviction, et qui est encore au greffe. M. Duchaillu eut assez d'agilité et de présence d'esprit pour parer à moitié ce coup, qui, sans cela, lui aurait fendu infailliblement la tête. Une lutte corps à corps s'engagea : M. Duchaillu parvint à arracher l'arme des mains de son assassin, et celui-ci, en se débattant, reçut une blessure au bras.

La conduite de M. Duchaillu, dans cette circonstance, a été examinée par la chambre des mises en accusation, qui l'a déclaré entièrement exempt de reproches, et a renvoyé, au contraire, Martin devant l'autorité compétente.

Comme ce militaire avait eu jusque-là une assez bonne conduite, et que la blessure qu'il avait reçue était déjà une correction assez sévère, on vint solliciter M. Duchaillu de vouloir bien donner son désistement, et il eut la générosité de le faire, et de pardonner ainsi à son assassin, qui, sans cela, aurait pu être condamné à mort, ou au moins aux travaux forcés.

Le Conseil privé ne peut prétexter cause d'ignorance de ces faits ; car sur l'extrait du registre du parquet, en marge de cette mention : *blessures graves faites sur le sieur Martin, voltigeur du 16ᵉ. léger,* se trouve l'observation suivante : « Il y avait plainte de Duchaillu contre « Martin pour voies de fait. 3 septembre, arrêt de la « chambre d'accusation qui renvoie Duchaillu de la « plainte et Martin devant l'autorité compétente. »

Il est difficile de retenir son indignation en voyant comment l'arrêt travestit ce fait, et le présente comme défavorable pour M. Duchaillu.

Quant aux injures envers un huissier, cet officier ministériel était venu faire chez M. Duchaillu un protêt deux jours après l'échéance d'un effet. M. Duchaillu lui avait reproché vivement cette violation de ses devoirs. Quel est le négociant qui, à la place de M. Duchaillu, n'en aurait pas fait autant? Aussi a-t-il été renvoyé de la plainte formée par l'huissier ; l'extrait du registre du parquet en fait également mention.

Enfin, à l'égard d'une prétendue voie de fait envers l'esclave Adonis, ce même registre met l'annotation suivante : *Affaire impoursuivie, n'ayant aucune gravité.* En effet, M. Duchaillu s'était borné à pousser ce nègre, qui voulait l'empêcher de monter sur un cheval que M. Duchaillu avait loué pour revenir de Saint-Benoît à Saint-Denis.

Voilà pourtant sur quels misérables élémens le Conseil privé base cette imputation de mauvaise conduite habituelle. Mais la considération de tous les honnêtes gens et la preuve flatteuse qu'il en a reçue dans les attestations qui lui ont été remises à son départ de la colonie consolent facilement M. Duchaillu de cette injuste censure. Et il a le droit de dire, avec la fierté de l'honnête homme blessé, que personne dans l'île n'a le droit de s'estimer plus que lui, et que, si on voulait absolument faire de lui une victime politique, il n'était permis à personne de porter atteinte à sa réputation privée.

Voilà donc tous les motifs de cette décision appréciés et réduits à leur juste valeur.

Les deux derniers ne sont évidemment que des hors-d'œuvre, qui doivent être entièrement mis de côté comme faux en tous points, et comme étrangers à l'accusation politique qui forme l'objet du premier motif.

Quant à celui-ci, nous avons démontré qu'il était également mal fondé, et que le sieur Duchaillu, loin d'être un perturbateur, était au contraire un excellent citoyen injustement persécuté et aveuglément sacrifié à la haine de la réaction.

Dans ces circonstances, M. Duchaillu demande quelle marche il doit suivre pour obtenir l'annulation de l'arrêté du Conseil privé.

Il demande également s'il ne lui est point dû une réparation pécuniaire pour les dommages qui lui ont été causés, et, en cas d'affirmative, contre qui son action à cet égard devrait être dirigée?

Telles sont les questions qu'il propose à son conseil, en lui soumettant l'exposé ci-dessus accompagné de divers documens et pièces justificatives, dont quelques-uns vont trouver utilement leur place à la suite de cet écrit.

DUCHAILLU.

PIÈCES JUSTIFICATIVES.

N°. 1.

Saint-Denis, le 27 décembre 1830.

Le Maire de la ville de Saint-Denis atteste que le vingt-cinq novembre dernier, aussitôt que la revue a été passée, la ville de Saint-Denis a joui de la plus grande tranquillité, et qu'il n'est point venu à sa connaissance que des jeunes gens aient troublé le repos public par des actes apparens.

Fait à l'hôtel de la Mairie, le 27 décembre 1830.

Le Maire de Saint-Denis.

TABUR.

(En marge :)

Le Maire de la ville de Saint-Denis atteste que la conduite de M. DUCHAILLU jusqu'au 23 mai s'est constamment montrée être celle d'un bon Français, attaché aux principes constitutionnels.

Saint-Denis, le 23 mai 1831.

TABUR.

Nota. Cette pièce est en outre revêtue du cachet de la Mairie.

N°. 2.

Les soussignés, *pour rendre hommage* à la vérité, déclarent qu'ils ont *parfaitement* remarqué M. Charles-Alexis DUCHAILLU, commerçant à Saint-Denis, au spectacle, *le dix-sept mai* dernier :

qu'ils *affirment* qu'il ne portait pas une veste *blanche*, mais qu'il avait *un habit noir*.

En foi de quoi ils ont signé la présente attestation.

Saint-Denis, le 10 juin 1831.

DOYNEL, grenadier de service. — SERVAIS, négociant. — DELAMARRE, nég^t. — NELLET, nég^t. — B. LEBLANC. — LAPORTE. — « Moi, BROCARD, déclare que celui qui a mis en marge de ma déposition que le sieur DUCHAILLU était en veste blanche, en a menti. » AUG. BROCARD. — « Je n'étais pas au spectacle, mais à la sortie je l'ai vu en habit noir. » —H. MAILLARD.

N°. 3.

Les soussignés déclarent connaître parfaitement M. Charles-Alexis DUCHAILLU, commerçant, à Saint-Denis, établi depuis plusieurs années dans cette colonie; ils l'ont toujours considéré comme un homme d'honneur : ils le regardent aussi comme un excellent Français.

En foi de quoi ils ont donné la présente attestation.

Saint-Denis, le vingt-cinq juin mil huit cent trente-et-un.

(Suivent les signatures.)

TABUR, ex-maire.—REVEL, avocat, membre de la commission consultative de législation coloniale. — E. GUÉDON, nég^t. — TH. MURAT, ancien contrôleur d'enregistrement. — S. CREMAZY. —J. TETIOT, nég^t. — MARGOTAUX, propriétaire-habitant. — L. BEQUET. — LEROY, horloger. —LARMAND-PARIS. —RICHARD, directeur du Jardin du Roi, chevalier de la Légion-d'Honneur. — MAGESTÉ, docteur-médecin. — CAMOINS, nég^t. — PROST, agent de change. —BRÉON, propriétaire. —NÉLET, nég^t.—CHASAGNE, nég^t.—DUCOUDRAY BOURGAULT et Comp., nég^ts. — FROMENTAL BLOT, nég^t. — EUGÈNE GAILLANDE, propriétaire. — JADIN et GUILLOUX, nég^ts. —J.-J. ARNAULD, agent de change.—B. GABET et ROUSSAN, nég^ts. —

M. GUILLEBAUD, nég'. — ORMIÈRE, docteur-médecin. — A. F. BOURDON. —BROSTROM, nég'. — A. POTEIN. —DREUX, nég'. —DUPRÉ fils, propriétaire, capitaine des pompiers. — GILLIBERT, nég'.—J. A. GRANDIDIER, nég'.—E. D. CERCLÉ, nég'. —M. DIERS, nég'. — DOR frères, nég''. — TIRON, nég'. — VIGNEAU, nég'. — LAFFITE DASSONVILLE, nég'. — A. BRUNET, avocat.

« Le soussigné, ancien Substitut du Procureur du Roi, Conseiller-Auditeur en la Cour, Greffier en chef par nomination de 1828, ancien Avoué plaidant, Juge-de-paix suppléant, etc., se joint avec plaisir à l'attestation de l'autre côté, parce qu'elle est l'expression de la vérité. »

Saint-Denis, île Bourbon, en Afrique, le lundi 27 juin 1831.

PETIT D'HÉSINCOURT,
Propriétaire à l'île Bourbon.

BILLIARD, vérificateur des douanes. — DURANGER, propriétaire. —BRULON fils. — F. MUGUET, propriétaire, fermier-général des tabacs. — LEGAY, propriétaire. — PATU DE ROSEMOND, commandant à Saint-Benoist. — « Je déclare avoir eu des affaires d'intérêt avec M. DUCHAILLU, et que je n'ai eu qu'à m'en louer. » ROCHÉ, propriétaire. — A. DE JOUVANCOURT. — J. DUFILHOL. — GASSEN. — MONTALANT, avoué. — LAPORTE. — RECULON, commerçant. — B. JEANNOT, chevalier de la Légion-d'Honneur. — « Pour ce que je connais M. DUCHAILLU, je déclare ne pouvoir rien attester qui soit contre sa moralité et sa manière de voir en politique. » ALPH. GODART. — POIRIER, horloger, lieutenant de milices. — MAILLARD, ex-commis-greffier de juge-de-paix.

Enregistré à Saint-Denis, le cinq juillet 1831, f°. 15, r°. c. 5. Reçu un franc. —VICTOR HOUPIART.

N°. 4.

Les soussignés déclarent parfaitement connaître M. Charles-Alexis Duchaillu, commerçant à Saint-Denis, et attestent que sa moralité est à l'abri de toute atteinte.

Ils ajoutent que, sous le rapport des opinions politiques, ils considèrent monsieur Duchaillu comme un bon citoyen et un bon Français.

En foi de quoi ils ont signé le présent certificat.

Saint-Denis, le 10 juin 1831.

Le chev°r. DE ROLAND, capitaine-commandant de carabiniers.

FLORIS fils, habitant. — VAUQUELIN, officier de milices. — H. FAULBERT. — B. AGUIET, habitant. — J. FOURCHON, habitant. — Jos. VETTER, habitant. — VETTER père, habitant. — PUCHEU, habitant. — A. PERRIER D'HAUTERIVE. — DE PALMAS, officier de milices. — VETTER fils, notaire. — DE St.-FÉLIX, lieutenant de carabiniers. — LEFÈVRE, adjudant-major. — VICTOR HUBERT DE LISLE, habitant. — L. CRIVELLI, instituteur. — PLUCHONNEAU, négociant. — BERTIN, habitant, capitaine des milices. — F. ARNAL, nég[t]. — A. BELLIER, habitant, capitaine de milices.

Enregistré à Saint-Denis, le cinq juillet 1831, f°. 15, r°. c. 6. Reçu un franc.

V. HOUPIART.

N°. 5.

Au nom du Roi.

Nous, Gouverneur de l'île Bourbon et de ses dépendances :

Vu les articles 43 et 72 de l'ordonnance royale du 21 août 1825;

Attendu que les faits imputés au sieur Duchaillu sont de nature à troubler le bon ordre et à compromettre la sûreté de la Colonie :

Ordonnons que le sieur Duchaillu sera arrêté et conduit dans les prisons de Saint-Denis pour y rester déposé jusqu'à la décision ultérieure de l'autorité administrative.

Donné à l'hôtel du Gouvernement, le 18 mai 1831.

Le Gouverneur de Bourbon,

Signé DUVAL-DAILLY.

Pour copie conforme, délivrée sur autorisation, le 10 juillet 1831.

Le Concierge des prisons,

DELOZANNE.

N. 6.

Extrait du *Constitutionnel* du 9 janvier 1832 :

« A la lettre de M. *Leblanc*, ex-directeur des hôpitaux des établissemens français de Madagascar, dans laquelle il rend compte du fait du 25 avril, se trouve joint un certificat daté du 19 mai 1831, et signé de M. Hyacinte Tabur, chef de bataillon d'artillerie en retraite et maire de la ville de Saint-Denis, certificat dans lequel il atteste que, le 25 avril dernier, pendant que « le mariage de M. Jurieu avec mademoiselle Desbassyns se célébrait à la chapelle du gouvernement, il se forma quelques rassemblemens sur la place, relativement au *drapeau blanc* placé en arrière de la chaise de M. Joseph Desbassyns, lequel, en traversant la ville, avait produit de la rumeur et occasioné cette nombreuse réunion, indignée de l'acte commis sous les auspices de M. Desbassyns ; que l'agitation était extrême, etc. »

Nᵒ. 7.

Extrait du *Courrier français* du 15 janvier 1832 :

« Les nouvelles de la fin de septembre, parvenues par la voie de Londres, de Maurice et de Bourbon, sont de nature à attirer l'attention.

« On venait de recevoir, dans la première de ces colonies, l'avis que le gouvernement anglais lui accorde une législature locale, avec la garantie de l'inviolabilité de la propriété. La législature de Maurice diffère de celle des Antilles, en ce que, dans ces dernières, il y a deux conseils représentant la chambre des pairs et la chambre des communes; alors qu'à Maurice il n'est établi qu'une seule assemblée, composée de membres, mi-partie directement élus par les colons, et mi-partie au choix du Roi. Le gouvernement anglais, qui comprend un peu mieux que le nôtre le régime colonial, ne doterait pas ses possessions d'outre - mer d'une ridicule organisation, comme celle dont le projet vient d'être soumis à la chambre, pour le régime législatif de nos colonies.

« Dans ce projet il y a cela de remarquable que, quoique les colonies ne doivent plus être régies que par des lois, les ordonnances reçoivent la plus large part des pouvoirs législatifs; et les chambres, par un esprit de méfiance qui semble déceler quelque arrière-pensée, restent en possession de faire des lois d'un intérêt purement local. Ainsi, tandis que Maurice, colonie de conquête, dont la population n'a point encore sympathisé avec les vainqueurs, reçoit une haute marque de sollicitude et de confiance de la métropole anglaise, l'île Bourbon est en proie à de sérieuses agitations causées et par le retard qu'apporte la France à accomplir la promesse faite par l'article 64 de la Charte, et par une sorte de réaction qui semble se préparer contre le régime de la restauration, qui pèse encore sur cette colonie.

« Notre correspondance nous présente le gouvernement de Bourbon comme livré à quelques familles qui font ombrage à la population : le gouverneur, homme de bien, est sans autorité, par suite de la position difficile où les événemens de Juillet l'ont placé. Les conseillers coloniaux, créations de la restauration, sont d'ailleurs d'une incapacité absolue; et enfin le Conseil-général vient lui-même de reconnaître son impopularité, en refusant de se réunir sur la convocation du gouverneur. On conçoit cette décadence de diverses branches de l'administration, en apprenant que le système et les hommes de la restauration n'ont souffert aucune modification depuis la révolution. La colonie, qui a accueilli ce grand événement avec une sorte de délire, ne saurait rester stationnaire en face d'un régime usé et déconsidéré, et sous l'influence d'une sorte d'aristocratie d'une vingtaine de familles, qu'a voulu créer le ministère de Charles X. C'est au gouvernement métropolitain à tenir compte des légitimes exigences de la révolution, autrement il pourrait résulter de graves désordres de cet état de choses intolérable ; car à Bourbon on ne veut pas plus qu'en France d'une nouvelle restauration. »

(Journal du Hâvre.)

CONSULTATION.

Le Conseil soussigné :

Vu le Mémoire à consulter, ainsi que les pièces justificatives et document qui précèdent;

Vu la copie de l'instruction dirigée par le Commissaire de police de Saint-Denis contre M. Duchaillu, les 18 et 19 mai 1831;

Vu l'extrait des registres du parquet en ce qui concerne M. Duchaillu ;

Est d'avis de ce qui suit :

Les articles 72, 77, § 2, 78 et 79, § 1er. et 5 de l'ordonnance du 21 août 1825, sont ainsi conçus :

Art. 72. Dans les circonstances graves et lorsque le bon ordre ou la sûreté de la colonie le commande, le gouverneur peut prendre, à l'égard des individus de condition libre qui compromettent ou troublent la tranquillité publique, les mesures ci-après, savoir : 1°. l'exclusion pure et simple d'un des cantons de la colonie; 2°. la mise en surveillance dans un canton déterminé. Ces mesures ne peuvent être prononcées que pour deux années au plus; pendant ce temps, les individus qui en sont l'objet ont la faculté de s'absenter de la colonie.

Art. 77, § 2. Les individus auxquels les mesures autorisées par le présent chapitre auront été appliquées, pourront, dans tous les cas, se pourvoir auprès de notre Ministre de la marine, à l'effet d'obtenir de nous qu'elles soient rapportées ou modifiées.

Art. 78. Le gouverneur a seul l'initiative des mesures à prendre en vertu des pouvoirs extraordinaires qui lui sont conférés; il en est personnellement responsable, nonobstant la participation du Conseil privé à ces actes.

Art. 79, § 1er. Le gouverneur peut être poursuivi pour trahison, concussion, *abus d'autorité*, etc. § 5. Il ne peut pour quelque cause que ce soit être actionné ni poursuivi dans la colonie pendant l'exercice de ses fonctions. Toute action dirigée contre lui sera portée devant les tribunaux de France suivant les formes prescrites par les lois de la métropole. Aucun acte, aucun jugement ne peut être mis à exécution contre le gouverneur de la colonie.

Il résulte de ces articles, que deux voies sont ouvertes à M. Duchaillu : 1°. le pourvoi devant le Ministre de la marine pour obtenir du Roi la réformation de l'arrêté du 25 mai; 2°. la prise à partie contre le gouverneur pour abus d'autorité.

M. Duchaillu devra pour le moment se borner à la première de ces voies.

Au fond, nous pensons que les faits graves développés par par M. Duchaillu dans son Mémoire à consulter, et qui établissent qu'il a été sacrifié à un ressentiment de parti sous des prétextes futiles, et à l'occasion d'une querelle privée dans laquelle les torts n'étaient point de son côté, doivent être pris en sérieuse considération par Sa Majesté, soit dans l'intérêt individuel de M. Duchaillu, soit dans l'intérêt général de la bonne administration de l'île Bourbon, et qu'il y a lieu de révoquer et d'annuler l'arrêté qui a frappé le consultant. M. Duchaillu devra donc présenter à cette fin une requête au Roi en la personne de son Ministre de la marine.

Ce n'est qu'après avoir obtenu cette première justice qu'une action civile intéressant la responsabilité du gouverneur pourra être utilement portée par M. Duchaillu devant les tribunaux de France. Le Gouverneur est responsable des abus d'autorité qu'il commet dans l'exercice de ses pouvoirs extraordinaires. Le Mémoire à consulter démontre qu'il y a eu abus vis-à-vis de M. Duchaillu, et dès-lors la réparation due à celui-ci par le Gouverneur devra être proportionnée aux dommages causés, et dont l'évaluation devra être faite ultérieurement au moment où la demande sera formée. Il importe qu'une réparation entière et complète soit accordée au citoyen victime de l'arbitraire. C'est là le seul contrepoids que la législation actuelle de l'île Bourbon oppose au pouvoir immense dont le gouverneur est investi. Au moins faut-il que ce contrepoids ne soit point illusoire; sans cela le pouvoir dégénérerait bientôt en un despotisme sans frein et sans limites, et la liberté, ce bien le plus précieux de l'homme, ne serait plus qu'un vain nom dans cette colonie. Espérons que de plus puissantes garanties lui seront bientôt accordées, et que des *lois* délibérées par les chambres viendront enfin remplacer le régime arbitraire des *ordonnances*.

Délibéré à Paris, le 2 février 1832.

CORDIER, *Avocat.*

IMPRIMERIE DE DIDOT LE JEUNE,
RUE DES MAÇONS-SORBONNE, N°. 13.

www.ingramcontent.com/pod-product-compliance
Lightning Source LLC
Chambersburg PA
CBHW061218030726
47595CB00004B/1300